LE PASSE-TEMPS

L'ESCRIME

ENCORE ET TOUJOURS

A LYON

PAR

CAVALCABO, Aimé VINGTRINIER
Ernest GAYET

PRIX : 2 FRANCS

LYON

IMPRIMERIE CHANOINE, Léon DELAROCHE et Cie Succ.
10, PLACE DE LA CHARITÉ, 10

1889

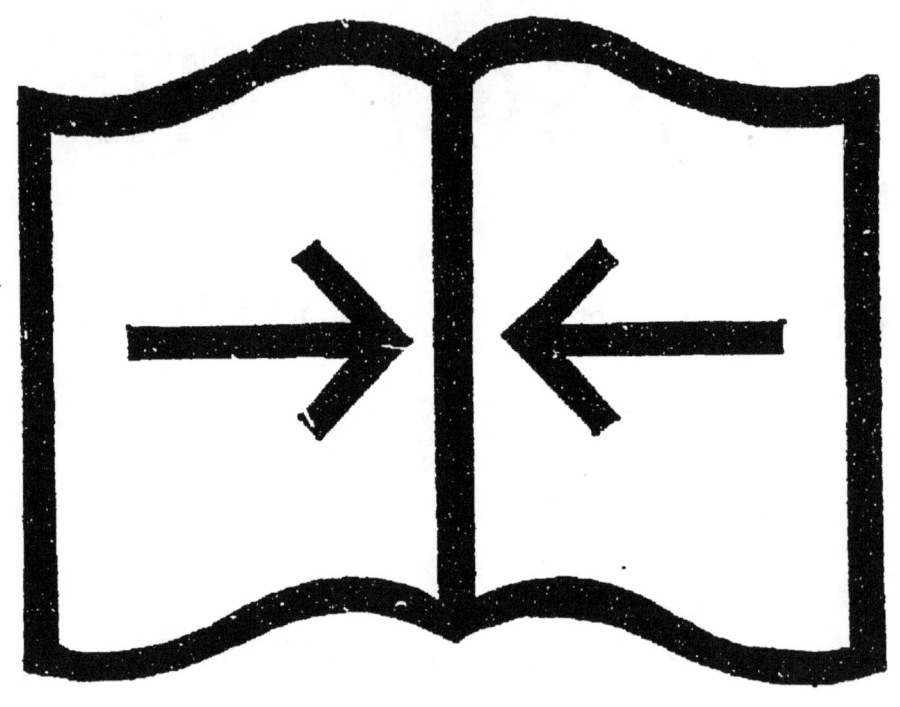

RELIURE SERRÉE
ABSENCE DE MARGES INTÉRIEURES

LE PASSE-TEMPS

L'ESCRIME

ENCORE ET TOUJOURS

A LYON

PAR

CAVALCABO, Aimé VINGTRINIER
Ernest GAYET

PRIX : 2 FRANCS

LYON

IMPRIMERIE CHANOINE, Léon DELAROCHE et Cie Succ.
10, PLACE DE LA CHARITÉ, 10

1889

L'ESCRIME A LYON

Par CAVALCABO

CHAPITRE PREMIER

Prétendra-t-on toujours que les Lyonnais sont gens arriérés et réfractaires à toute bonne institution? Qu'ils ont l'esprit impropre à s'occuper de ce qui n'est pas soie, velours ou peluche? Nous ne le croyons certes pas, et nous soutenons, au contraire, qu'ils savent mieux que personne s'adonner aux plus nobles distractions.

La faveur qu'ils accordent depuis bien des années à la science de l'escrime en est une preuve manifeste.

Aujourd'hui, tout le monde à Lyon fait de l'escrime; étudiants, avocats, commerçants, tous se rencontrent à la salle d'armes, et les personnes appartenant aux professions les plus diverses croisent ensemble le fer sur la planche. C'est une admiration générale pour ce genre de sport, une prédilection universelle pour cet excellent exercice qui a ses côtés hygiéniques comme ses côtés artistiques.

Si les Lyonnais montrent une telle ardeur pour le maniement du fleuret, c'est qu'il y a dans notre ville des maîtres qui lui ont appris non seulement à connaître, mais à aimer la science des armes.

Ces maîtres sont à la fois nombreux et expérimentés. Le succès que leur enseignement obtient à Lyon montre que le public a su apprécier leurs efforts et leur talent. Tous ont fait et font encore œuvre utile, tous méritent les applaudissements que les Lyonnais ne manquent jamais de leur adresser, quand l'occasion s'en présente.

Aussi les salles sont-elles assidûment fréquentées, et la liste des élèves de chacune d'elles serait-elle longue à dresser.

Nous ne voulons pas le faire ici. Nous nous bornerons aujourd'hui à constater la faveur dont jouit l'escrime à Lyon, faveur qu'il serait impossible de retrouver dans une autre ville de province.

Cependant nous tenons à signaler entre toutes une salle qui se fait remarquer non seulement par le grand nombre de ses élèves, mais aussi par leur force et leur connaissance approfondie de l'escrime. La qualité jointe à la quantité.

C'est de la salle Voland que nous voulons parler.

Voland est un homme qui a su, depuis plus de vingt ans déjà, faire reconnaître sa supériorité comme tireur et comme professeur. Ce sont les Lyonnais eux-mêmes qui lui ont demandé de fonder la salle de la rue Confort. En 1864, il se fit tellement remarquer dans un assaut donné au Casino, au profit d'un ancien soldat, qu'une société d'amateurs lui offrit le lendemain d'être son professeur attitré.

L'enseignement commença alors dans un local de la rue Saint-Côme; puis, en 1865, il se continua rue Confort, où Voland est toujours resté depuis cette époque.

Peu de salles sont aussi bien aménagées que la sienne. On devine dans l'installation la main et le coup d'œil du maître qui connaît tous les besoins de son art, et qui sait y pourvoir jusque dans les plus petits détails.

Mais un développement de quelques lignes ne pourrait suffire à donner une idée de la salle Voland. Nous en renvoyons la description à un prochain chapitre.

CHAPITRE II

UNE VISITE A LA SALLE VOLAND

Nous avons quitté nos lecteurs, dans notre dernier article, au moment où nous allions commencer la description de la salle Voland.

Tout le monde à Lyon sait qu'elle est située, première entrée, rue Confort, 5; deuxième entrée, rue Paradis, 3. Les assauts que Voland donne chaque année, et qui sont suivis avec tant d'attention, ont appris au public à en connaître le chemin. La façon courtoise dont il est reçu par le maître et ses élèves a appris aussi à ne pas l'oublier.

Quand on entre dans la salle d'armes de Voland, on est frappé immédiatement de ses dimensions considérables. On peut dire qu'elles sont vraiment extraordinaires. Elle a 14 mètres de long sur 7m50 de large. Comme hauteur 4m40. Ces chiffres montrent quelles excellentes conditions d'hygiène elle présente. Six grandes fenêtres, donnant sur la rue, servent à aérer l'immense salle, où l'air est renouvelé souvent et où l'on peut, à raison de ses vastes proportions, tirer longtemps sans que l'atmosphère en soit viciée.

Sept grandes planches, occupant toute la largeur de la salle, sont disposées pour recevoir sept couples de tireurs, qui peuvent s'exercer à la fois sans se gêner les uns les autres.

Peu de salles d'armes offrent de pareilles conditions d'hygiène et de commodité.

On y remarque même un certain luxe — luxe en tant qu'il s'agit d'escrime bien entendu; — c'est-à-dire qu'elle est garnie, à profusion, d'armes et d'armures de toute sorte. Les entre-deux des six croisées sont ornés d'armes de tout genre, anciennes et modernes, et quelques-unes des modèles les plus rares. Le mur se trouvant en face des fenêtres est également décoré de choses précieuses pour l'escrime : épées de formes les plus diverses, anciens types de fleurets, de baïonnettes, etc. Çà et là apparaissent des casques ayant appartenu à des générations disparues, casques de carabiniers, de cent-gardes, de lanciers, etc.; puis d'autres qui sont encore en usage dans l'armée; enfin un casque prussien ramassé sur les champs de bataille de 1870, tous produisant le plus heureux effet au-dessus des panoplies qu'ils surmontent, et donnant à la salle une tournure toute militaire et héroïque.

La gaieté n'est pas exclue au milieu de cet appareil guerrier. Des dessins de genres variés alternent avec les armures et les cuirasses. On aperçoit notamment sur le mur du fond de joyeuses caricatures représentant le maître aux différentes époques de sa carrière de soldat. Plusieurs portraits-charges dus au spirituel crayon de L. Guy, le montrent avec ses longs cheveux, son œil si vif et toujours prêt à la parade, son énorme plastron de cuir et sa bonne lame de Tolède tortillée comme la flamboyante épée de saint Michel. Un portrait de Voland, n'ayant celui-là, rien d'une charge, forme un agréable contraste avec les fantaisies dont nous venons de parler.

Tout à l'entour de la salle, à hauteur d'homme, sont réunies les photographies des principaux élèves saisis en costumes d'escrime et le fleuret à la main. La galerie est nombreuse et pourtant tous ne sont pas là. Au-dessus de la cheminée, on aperçoit un vaste dessin, œuvre de Labé, et représentant la caricature de tous les élèves, qui se sont gracieusement prêtés à la plaisanterie de l'habile dessinateur.

Mentionnons enfin un portrait du commandant Dérué, le grand escrimeur français, le grand maître de l'escrime dans l'armée française. Venu à Lyon l'été dernier, sur l'invitation de la salle Voland, il donna, avec Robert, un grand assaut au Casino, en faveur de la veuve d'un maître d'armes, tué au Hàvre, au mois de juin, au milieu d'un assaut. En outre, il fut reçu à la salle de la rue Confort; le maître et plusieurs élèves se mesurèrent avec lui, et, en souvenir de la réception qui lui avait été faite, il envoya à Voland son portrait, avec une dédicace des plus flatteuses.

Tel est l'aspect de la salle, au repos. Mais nous ne pouvons reproduire son aspect quand elle est animée soit par les leçons du maître, soit par les attaques et les ripostes des tireurs. On tire tous les jours, rue Confort, et, deux fois par semaine, on donne de grands assauts, où sont invités de nombreux amateurs et des maîtres de la garnison. Ces réunions sont très suivies.

Nous comprenons cet empressement, car le local de la rue Confort est si bien aménagé qu'il suffit d'une visite pour que les plus profanes eux-mêmes se laissent gagner par le désir de faire des armes. La description que nous venons de donner de la salle, fait voir en effet toutes les commodités qu'on y rencontre. Il nous reste à en mentionner bien d'autres.

La salle d'armes proprement dite n'occupe qu'une partie du local de la rue Confort. Une place importante est réservée au

Le vestiaire est des mieux aménagés. On le rencontre à droite, en entrant dans la salle, dont il est séparé par un rideau mobile. Il contient les costumes d'escrime des nombreux élèves de Voland, et se trouve aussi élevé de plafond que le reste du local, c'est-à-dire qu'il a environ 4 mètres de hauteur ; ces chiffres indiquent quelles excellentes conditions d'hygiène sont ainsi assurées aux tireurs.

Tout y est confortablement disposé pour permettre à chacun d'endosser la veste d'armes et chausser les sandales. C'est là également que l'on vient se reposer entre chaque assaut. Deux poêles à gaz sont installés pour chauffer la vaste pièce. Ce système d'installation a un double avantage : Le gaz ne donne pas de poussière, — ce qui est une considération de premier ordre dans une salle d'armes, — et ensuite il permet d'élever ou d'abaisser la température au degré que l'on veut.

Le vestiaire est suivi d'un cabinet de toilette, situé sur la cour, tout au fond de l'appartement. —

A l'autre extrémité de la salle, c'est-à-dire dans la direction de la gauche à partir de la porte d'entrée, se trouve le salon de réception.

Nous disons salon de réception et de conversation, et nous sommes heureux de ne pas dire salon de jeu. Il est à remarquer que l'on ne joue pas chez Voland, que l'on n'y boit pas non plus ; le culte de la dame de pique ne peut être mêlé au culte de l'épée, qu'au grand détriment de celui-ci. Nous pouvons féliciter Voland de n'avoir pas introduit chez lui cette dangereuse distraction.

Il n'admet pas davantage que son salon soit transformé en buvette. Cela ne veut pas dire pourtant qu'il prêche, comme le célèbre docteur Sangrado, l'abstention de l'alcool sous n'importe quelle forme. Non ; Voland sait, dans les occasions qui en valent la peine, déboucher le Cliquot et le Rœderer tout comme un autre. Mais il ne veut pas qu'il en soit ainsi régulièrement chaque jour, et il a raison.

Il a raison parce qu'il est antihygiénique pour un tireur de boire au moment de faire assaut.

Tous les maîtres le reconnaissent, en effet ; il est impossible de bien tirer si l'on a bu avant de se mettre sur la planche, et l'on se trouve très fatigué si l'on boit aussitôt après l'avoir quittée.

Qu'on nous permette à ce propos une légère digression. Si vous avez un duel, ou si vous voulez faire un assaut important, ayez soin de peu manger et peu boire auparavant. Mais vous pouvez, vous devez même, faire la veille un bon dîner, avec huîtres, truffes, homard, vin blanc et autres choses excitantes. Dormez ensuite, comme Condé avant la bataille de Rocroi ;

prenez, le matin, une légère collation, et vous serez sûr d'avoir tous vos moyens en face de votre adversaire.

Le salon de Voland est des plus élégants. Il est orné de nombreuses œuvres d'art. C'est d'abord le portrait du maître lui-même, par un de ses élèves, le peintre Laborier. Voland est représenté en pied, en costume de salle et l'épée à la main; l'œuvre est frappante de ressemblance. Ce tableau fut exposé au salon de Lyon, en 1875, et fut très remarqué, à juste titre.

Laborier était en effet un peintre de premier ordre. Il est mort à trente ans à peine, des suites des fatigues subies pendant la guerre de 1870. Il était parti dès le début de la campagne et sa santé déjà faible eut à subir toutes les rigueurs de ce terrible hiver. Le jeune artiste a donc été un de ceux qui ont vaillamment défendu le sol du pays contre l'ennemi et sont morts pour la patrie. Noble exemple pour ceux qui l'ont remplacé à la salle Voland.

Deux autres tableaux de Laborier se trouvent encore dans le salon. Ce sont les portraits du chevalier de Saint-Georges, l'escrimeur sans rival de la fin du XVIII° siècle, et de la chevalière d'Eon, cet être singulier qui, par une extraordinaire bizarrerie de la nature, réunissait dans sa personne les charmes des deux sexes. Ces deux œuvres originales ne sont pas les moindres richesses artistiques de Voland.

Signalons enfin plusieurs ouvrages en bronze, coupes, statuettes, etc. Une mention spéciale pour le Saint-Michel de Frémiet, don que les élèves de la salle ont offert à leur professeur, comme témoignage d'estime et de reconnaissance.

A côté du salon de réception, nous rencontrons le cabinet de consultation du maître. Il mérite que nous nous y arrêtions quelque peu.

Le cabinet de consultation de Voland n'est pas la pièce la moins séduisante du local de la rue Confort. Elle n'est pas grande, il est vrai, mais elle rachète amplement, à d'autres points de vue, l'infériorité toute relative qu'elle présente en ce qui concerne la dimension.

Au premier coup d'œil, on ne croirait pas, quand on y entre, se trouver chez un maître d'armes, mais bien plutôt chez un archéologue ou un collectionneur.

Ce cabinet est en effet un véritable musée, que Voland a su constituer avec beaucoup de goût et d'originalité.

Nous y remarquons quelques meubles antiques, qui feraient la joie des amateurs d'ameublement rétrospectif, et une série d'autres objets qui, tous, ont une véritable valeur artistique. A côté, sont installées des collections fort bien garnies de minéralogie et de géologie.

Ces collections ont été réunies par Voland lui-même, qui a des connaissances variées en dehors de son art. Quoique l'un des premiers escrimeurs de son époque, il a su trouver le temps d'étudier autre chose que la science du fleuret. Son grand délassement, après ses leçons, est de parcourir monts et vallées pour trouver et ramasser les fossiles, dont il possède déjà des spécimens remarquables (bélemnites ou ammonites).

C'est dans le massif du mont Verdun, si riche au point de vue géologique, que Voland a puisé une grande partie de ses collections.

Il a même eu la bonne fortune de tomber, un jour, sur une curiosité assez rare. Il a découvert, entre deux pierres, dans un amas de terre glaise, un tibia de mammouth. Ce n'est pas le moindre ornement de son cabinet de consultation.

Que d'anecdotes Voland pourrait raconter, s'il lui était permis de livrer au public toutes les confidences qu'il a reçues dans cette pièce ! Que de choses piquantes il pourrait dire, à propos des consultations qu'il y a données ! Mais il existe un secret professionnel auquel lui, ancien soldat soucieux du point d'honneur, n'aurait garde de manquer.

Il est pourtant certaines aventures que l'on peut faire connaitre, sans porter atteinte à cette obligation.

Le baron de Vaux, dans son ouvrage sur les duels célèbres, en rapporte une relative à un élève de Voland.

Il s'agit d'un jeune homme, d'une force remarquable en escrime et qui ne rêvait que duels. « Cela pose », disait-il. Et il ajoutait :

« Il suffit de porter le premier coup de bouton. Or je suis sûr d'y réussir, même avec les plus forts prévôts ; à plus forte raison avec un simple amateur. »

Voland essayait de calmer cette ardeur, en lui représentant qu'en escrime on est quelquefois battu pas moins fort que soi.

L'autre s'obstinait néanmoins. Un jour, il présenta à Voland un de ses amis, qui devait se battre le lendemain à l'épée, et n'avait jamais touché une arme.

Le maître lui donna, en tête-à-tête, une leçon de dix minutes. Puis il appela son élève et lui dit : « Veuillez faire tirer monsieur. C'est sérieux, au premier touché ; un seul coup et j'arrête le combat. »

Après quelques battements, le jeune homme voulut essayer une botte qui avait réussi souvent avec des maîtres d'armes. Mais il était obligé, pour la porter, de se découvrir un peu. Pendant ce temps, son adversaire allongea le bras, ce qui est l'instinct de tous les commençants, et le jeune homme très fort fut touché en pleine poitrine.

Depuis ce jour, il n'a plus cherché une rencontre *pour se poser*.

La série des duels que Voland a fait avorter serait longue à indiquer. Car il ne faut pas croire que les escrimeurs ne cherchent que plaies et bosses, au contraire : la véritable force est calme et cherche toujours à éviter les moyens extrêmes. Celui qui a conscience de sa valeur tente les moyens de conciliation, aussi bien pour les autres que pour lui-même.

Parmi les affaires ainsi *manquées*, l'une était arrivée dans des circonstances particulièrement bizarres.

Un jeune homme, en compagnie de quelques amis, enterrait sa vie de garçon dans un joyeux dîner. À la fin du dîner, une querelle s'éleva entre lui et l'un de ses compagnons de table, et un duel fut décidé pour le surlendemain.

Le futur époux alla trouver Voland et lui demanda quelques conseils. Voland lui en donna de si bons que la rencontre fut évitée. Il parvint, par son esprit de modération, à faire réconcilier les deux amis, et le dîner de garçon fut bientôt suivi du mariage qu'il annonçait.

Voland en a sauvé bien d'autres, à la veille d'aller sur le terrain. Ce qui prouve que, même si on connaît très bien l'escrime, on n'est pas forcé de verser le sang d'un adversaire pour le prouver. L'assaut à la salle d'armes suffit pour montrer la supériorité d'un tireur. Si pourtant l'on est insulté ou si l'on ne peut, par aucun moyen, faire avorter une affaire, la force que l'on possède retrouve toute son utilité sur le terrain. Mais en attendant qu'on y aille, elle est une garantie de calme et de modération, car le véritable escrimeur n'a jamais provoqué personne.

CHAPITRE III

LA SALLE FALDONI

Il y a longtemps que l'on fait de l'escrime à Lyon ; le goût de nos compatriotes pour ce genre de sport ne date pas d'hier, et l'on trouve, dans l'histoire de notre ville, le souvenir de plusieurs maitres d'armes renommés.

L'un des principaux dont on puisse mentionner le nom est Faldoni, célèbre autant par sa mort tragique que par sa science de l'escrime.

Il était né en Italie, vers le milieu du xviiie siècle. Après avoir mené une vie un peu errante, il vint se fixer à Lyon, en 1764, et y fonda une salle d'armes.

Les commencements furent assez durs. Les élèves n'affluèrent pas chez lui, dès les premiers temps, et les débuts de l'escrime à Lyon se trouvèrent passablement compromis. Mais la situation changea bientôt et Faldoni acquit une réputation étonnante.

En 1766, dans un voyage à Paris, il eut la bonne fortune de se rencontrer avec le chevalier de Saint-Georges, le grand escrimeur du xviiie siècle, et de faire assaut avec lui. Il réussit à le toucher, et dès lors, sa réputation fut faite.

Il écrivit à ses amis de Lyon une lettre où il se vantait, avec toute la jactance et la vantardise propres aux Italiens, « d'avoir battu le fameux chevalier de Saint-Georges. » La vérité est qu'il lui avait porté les deux premiers coups de bouton et qu'il avait été bien battu après. Mais c'était déjà un beau résultat; ils étaient rares ceux qui avaient touché deux fois Saint-Georges et beaucoup auraient souhaité d'y arriver, même au prix d'une défaite.

Aussi, Faldoni obtint-il, à son retour de Paris, un immense succès. Désormais, tout Lyon voulait faire des armes avec lui, et il eut comme élèves une foule de jeunes gens qui devinrent soldats quelques années après et fournirent à la République et à l'Empire de nombreux généraux.

C'est ainsi que Faldoni forma, par ses leçons, Suchet, plus tard maréchal de France Duphot, qui fut général de brigade; sous la République; Tolozan, qui devint général de cavalerie; Godinot, qui fut baron de l'Empire; Jomard, plus tard maréchal de camp et député du Rhône à la Chambre des représentants, pendant les Cent-Jours; Maupetit, qui parvint au grade de général de cavalerie; et bien d'autres qui s'illustrèrent aussi.

Toute la jeunesse lyonnaise, qui devait faire l'honneur de la cité, eut Faldoni pour maitre d'armes.

D'autres salles s'ouvrirent alors, mais sans aucun résultat. Elles durent bientôt disparaitre, et l'école Faldoni subsista seule jusqu'en 1770, époque à laquelle se place la mort du maitre italien.

Il connaissait une jeune fille, nommée Marie-Thérèse Lortet, dont le père était traiteur. Il l'aimait et était aimé d'elle. Mais les parents de Marie-Thérèse se refusaient obstinément à approuver cet amour et ne voulaient pas unir les deux jeunes gens. Faldoni était d'autant plus désespéré qu'il se sentait atteint d'un anévrisme qui le conduisait lentement au tombeau. Il commença par éprouver le courage de Marie-Thérèse en lui faisant avaler un poison feint. Sûr alors de sa fermeté et de son amour, il résolut de mourir avec elle.

Ils se rendirent à Irigny, sur les bords du Rhône, dans une maison que possédait la famille Lortet. Tous deux s'enfermèrent dans la chapelle de la propriété, ils s'armèrent chacun d'un pistolet, à la détente duquel fut attaché un ruban dont ils tinrent chacun un bout. Il tirèrent en même temps et ne se relevèrent plus.

L'endroit a conservé depuis lors le nom de Chapelle des deux Amants.

Cette anecdote véridique est consignée dans des documents qui nous ont été gracieusement communiqués par M. Aimé Vingtrinier.

Cette double mort et les circonstances extraordinaires qui l'accompagnaient frappèrent vivement les imaginations, et les noms de Thérèse et Faldoni servirent pendant quelque temps à désigner l'amour pur et vrai, assez fort pour briser tous les obstacles qui s'opposent à son existence.

Comme maitre d'armes, Faldoni était loin d'être le premier venu. Il est vrai qu'il était d'un tempérament malingre et même un peu efféminé; mais il se trouvait aussi très agile et avait un jeu d'une grande vivacité. Il était surtout très intelligent, ce qui n'a jamais nui pour faire de l'escrime.

Après sa mort, son école subsista quelques années encore. Son second lui succéda. C'était un nommé Simon, qui continua les leçons jusqu'au moment de la Révolution.

La salle fut alors fermée, et l'escrime disparut complètement de Lyon, jusqu'en 1815, époque où parut le célèbre Lafaugère.

CHAPITRE IV

LAFAUGÈRE ET DARESSY

C'est en 1815 que Lafaugère vint se fixer à Lyon ; il avait alors le titre d'ex-premier maitre d'armes dans la garde impériale, et d'ex-premier maître d'armes des gendarmes de la maison du roi. Il n'en fallait pas davantage pour faire son succès, et les élèves lui arrivèrent aussitôt en foule. A cette époque, tout gentilhomme devait savoir tenir une épée. L'aristocratie lyonnaise s'empressa donc de prendre des leçons de Lafaugère.

Parmi les plus forts tireurs, qui se formèrent alors à son école, nous pouvons citer : M. Duluc, chef d'escadron des chasseurs de la Dordogne ; MM. Serdon, Blanc, Lafforgue et Labordonne, qui devinrent en peu de temps, sous sa direction, des amateurs distingués.

L'ex-maître de la maison du roi obtenait donc à Lyon la plus grande vogue, et tous ses instants étaient consacrés à ses élèves. Il sut pourtant trouver le temps, sur leurs instances, d'écrire ses leçons et d'exposer les principes de sa méthode, son traité sur l'art de faire les armes parut en 1820.

Ce livre, si remarquable à tant de points de vue, peut se résumer en deux mots, ou plutôt en deux règles. Lafaugère, qui observait beaucoup et raisonnait avec une grande sûreté de jugement sur la science de l'escrime, cherche à mettre en lumière ces deux principes qu'il indique ainsi :

« J'ai reconnu, dit-il, pour premier principe, dans l'attaque, l'élévation du poignet et l'opposition dans la ligne occupée par le fer de l'adversaire ; — et, dans la défense, la simplicité des parades, que l'on ne doit jamais multiplier sur ses divers mouvements, mais que l'on ne doit, au contraire, employer qu'à la finale de son attaque. »

Toute sa méthode est résumée dans ces quelques lignes.

C'est à cette époque que de nombreux prévôts, revenant des pontons d'Angleterre, vinrent se fixer à Lyon. Attirés par la grande renommée de Lafaugère, ils croyaient pouvoir profiter du goût des Lyonnais pour l'escrime. Mais l'attention ne se fixa guère sur eux, et leurs salles restèrent à peu près désertes. Bientôt ils quittèrent successivement notre ville.

Un seul d'entre eux y resta, et longtemps. Il s'appelait Dumas, « le père Dumas, » devenu sur ses vieux jours gardien du square de Perrache. Il portait toujours l'uniforme de grenadier volontaire, et faisait la joie des enfants, en même temps qu'il était le confident des bonnes du quartier. Il est mort en 1868, après avoir renoncé depuis longtemps à l'espoir d'être un escrimeur célèbre.

Vers la fin de 1820, Lafaugère fut demandé pour rentrer, comme premier maitre d'armes, dans les hussards de la garde. Il ne put résister au désir de revoir la capitale, où il avait séjourné quelque temps avant de venir à Lyon, et il partit avec la majeure partie de ses élèves.

L'escrime ne disparut pas pour cela de notre ville. Les maitres d'armes de la garnison eurent un certain nombre d'élèves, et plusieurs assauts remarquables furent donnés.

L'un de ces assauts fit particulièrement sensation. Il fut donné par deux Italiens, qui battirent tous les maitres militaires. La fatuité des deux vainqueurs ne connut plus de bornes; ils se mirent à vanter à l'excès le jeu italien et à faire des bravades à outrance.

A ce moment, se trouvait à Lyon le jeune Daressy, fils d'un amateur distingué, que Lafaugère avait précisément connu dans sa jeunesse, et qui lui avait enseigné les premiers principes de l'escrime. M. Daressy, tout en apprenant à son fils le maniement du fleuret, ne le destinait pas à la carrière des armes, et l'avait envoyé « faire son tour de France ». Le jeune Daressy, fortement encouragé par ses amis, se décida à provoquer les deux Italiens à un assaut. Entraîné par le désir de rabaisser leur outrecuidance et de venger l'honneur français, injustement attaqué par ces orgueilleux, il s'en tira si bien qu'il les battit complètement. Sa chemise ne reçut pas un seul coup de bouton, tandis qu'il toucha de nombreuses fois ses adversaires, et se servit de leur poitrine à peu près comme d'un plastron.

Les Lyonnais lui firent une véritable ovation, et adressèrent aux deux Italiens des huées que leur jactance et leurs fanfaronnades leur avaient justement méritées.

Quelques jours après, le jeune Daressy partait pour Paris

et allait retrouver Lafaugère qu'il avait autrefois connu chez son père, et qui était de quelques années plus âgé que lui. Lafaugère le félicita chaudement du brillant succès qu'il venait d'obtenir à Lyon, et l'engagea à fonder une salle d'armes.

Lyon reçut aussi vers la même époque, la visite de Cordelois, qui donna un assaut mais sans grand succès.

CHAPITRE V

LA SALLE LAFAUGÈRE

Lafaugère revint se fixer à Lyon, en 1830, après le licenciement de la garde royale. Il ramenait avec lui bon nombre de ses élèves. Aussi la salle qu'il fonda, aussitôt après son arrivée, compta-t-elle immédiatement des tireurs. Il s'établit rue Sainte-Catherine ; sa femme tenait un bureau de tabac place des Terreaux.

En même temps qu'il ouvrait une salle, il organisait l'enseignement de l'escrime au Lycée, et, depuis cette époque, les jeunes *potaches* n'ont cessé de ferrailler avec une ardeur qui n'est pas près de s'éteindre.

Le retour de Lafaugère dans notre ville provoqua bientôt une sorte de renaissance de l'escrime. Sa grande réputation, accrue encore par le stage qu'il venait de faire comme maître dans la garde de Charles X, lui attira de nombreux élèves. Sa salle fut fréquentée par beaucoup de Lyonnais appartenant à des familles dont quelques-unes sont encore très connues aujourd'hui.

C'est ainsi qu'il donna des leçons à MM. de Quinsonnas, de Vaugelas, Pétetin, qui était journaliste, Rittiez, Kauffmann, Fore, Pavy, Guérin, Bissuel, de Saint-Victor, de la Motte, du Sordet, de Jessé, de Fenouil, Sérullaz, Boutard, etc. L'élite de la société lyonnaise était donc réunie chez lui.

Les assauts y étaient très suivis. Les maîtres militaires s'y donnaient aussi rendez-vous et se mesuraient avec les amateurs civils. La plus franche gaîté ne cessait d'y régner, comme le prouve cette anecdote, que les habitués de la salle Lafaugère ont eu soin de ne pas laisser tomber dans l'oubli :

Fore et Pavy comptaient parmi ses meilleurs élèves et avaient l'habitude de tirer ensemble. Pavy avait un léger travers : il n'aimait pas annoncer les coups de bouton, ce qui vexait grandement son ami Fore. Un jour, ils faisaient assaut sur une planche au bout de laquelle se trouvait un placard. Pavy tournait le dos à ce placard et rompait toujours pour éviter l'épée de son adversaire. Ce dernier fait signe à Lafaugère de l'ouvrir, puis se met à pousser vigoureusement Pavy. Il le touche une première fois, le pousse encore, le fait entrer dans le placard et là lui porte plusieurs coups de bouton. Pavy ne cessait de protester et de crier que les coups ne valaient rien. « Cela ne compte pas, disait-il, puisque je ne puis plus rompre comme je veux. » Tous les élèves donnèrent pourtant raison à Fore et ne lui ménagèrent pas les applaudissements.

Parmi les tireurs qu'a formés Lafaugère, il en est un qui mérite une place à part, autant par sa valeur comme escrimeur que par ses titres littéraires et par la haute position qu'il occupe encore actuellement à Lyon. Dès les premiers temps de son retour, on vint reccommander au célèbre maître d'armes un jeune homme à l'air malingre et d'une assez faible santé. Lafaugère promit d'en avoir soin et le fit travailler tout spécialement. Il fit des progrès rapides et devint bientôt un des tireurs les plus distingués de la salle. Sa santé s'améliorait en même temps, et il se trouve précisément aujourd'hui le dernier survivant des élèves de Lafaugère. C'est M. Aimé Vingtrinier, le sympathique bibliothécaire de notre ville. Nous l'avons vu, il y a deux ans, à la salle Voland, prendre un fleuret, croiser le fer malgré ses 75 ans, et tirer de façon à faire envie à bien des débutants.

Lafaugère, devenu bientôt l'ami de son jeune élève, était reçu dans la famille Vingtrinier. Il allait souvent passé plusieurs jours dans la propriété qu'elle possédait à Ambérieu. Il était heureux d'y aller pour faire des croquis, car il se piquait de savoir autre chose que l'escrime. Il se croyait doué d'un grand talent pour le dessin et la peinture. Quoique les sujets de ses compositions fussent peu variés, il n'aimait pas les observations. Il ne consentait guère à en recevoir que du jeune Vingtrinier, qui lui disait souvent :

— « Mais enfin, M. Lafaugère, pourquoi vos dessins représentent-ils toujours une route en plaine et une diligence traînée par cinq chevaux, quatre la tête haute et un la tête basse ? »

— « C'est que, mon cher ami, sur cinq chevaux d'une diligence, il y en a toujours quatre qui ont la tête haute et un qui a la tête basse. C'est tantôt celui de droite, tantôt celui de gauche, tantôt celui du milieu, mais il y en a toujours un. Depuis que je dessine, je n'ai pas encore pu savoir pourquoi ; mais il faut absolument qu'il en soit ainsi, sinon le croquis manquerait totalement d'exactitude. »

Lafaugère aimait aussi à croquer ses élèves et à faire leur caricature. Il fit un jour celle de son meilleur tireur et la réussit d'une façon saisissante. Tout le monde le reconnut ; c'était le journaliste Pétetin, représenté en crapaud, faisant des armes. Pétetin, qui était alors rédacteur en chef du *Censeur*, se tira d'affaire en homme d'esprit. « Eh bien ! dit-il, vous m'avez pris en quatre coups de pinceau ; je vous croquerai en quatre coups de plume. » Et, le lendemain, parut dans le *Censeur*, l'article le plus élogieux qui eût jamais été écrit sur Lafaugère.

Quant au crapaud, le maître le plaça dans son salon. Il prenait plaisir à le montrer à ses visiteurs et leur disait : « Vous pouvez le regarder et le toucher ; il n'est pas venimeux. »

Il ne nous reste que peu de choses à dire sur Lafaugère.

Nous avons déjà signalé sa prétention de n'être pas seulement un maître d'armes ; nous avons vu qu'il était peintre à ses heures. Ajoutons qu'il se piquait aussi de littérature. En 1841, il fit paraître l'*Esprit de l'Escrime*, poème didactique en plusieurs milliers de vers. Nous devons, à la vérité, reconnaître que ledit poème manque absolument d'agrément, et que nous n'avons jamais achevé la lecture de ce livre, qui est loin de valoir le traité de l'*Art de faire des armes*. Lafaugère est cependant excusable de l'avoir écrit, car il le vendit au profit des inondés de 1840.

Il faut mentionner deux de ses élèves qui ont su se montrer ses dignes successeurs, Gatechair et Voland. Il les connut et leur enseigna ses principes dans des circonstances identiques.

Le père de Gatechair lui avait défendu de faire des armes. Pourtant il se rendait le plus souvent possible chez Lafaugère, qui l'avait pris en amitié, et l'encourageait fortement à être soldat et maître d'armes. Le jeune Gatechair s'engagea, mais fut bientôt réformé pour faiblesse de constitution. Il s'établit alors à Paris et devint le célèbre escrimeur que tout le monde a connu. Il est mort récemment, étant président de l'Académie d'armes de Paris.

Voland se présenta chez Lafaugère en 1851. « Je viens de la part de Jean-Louis et de Voland, mon père, lui dit-il. »

— Ah ! Voland, le fantassin, l'enragé duelliste. Il doit vous avoir défendu de faire des armes ? — Précisément.— Eh bien ! moi je vous conseille d'en faire et d'être soldat. C'est la plus belle carrière que l'homme puisse ambitionner. » Voland suivit ses conseils. Il tira souvent avec ses élèves et devint soldat l'année suivante. Avant de le quitter, il reçut, comme Gatechair, d'ailleurs, un des précieux brevets que le maître ne distribuait qu'aux plus méritants et aux plus intelligents de ses élèves.

A cette époque, Lafaugère était déjà vieilli, mais toujours vigoureux. Il prit un jour plaisir à donner une correction à un nommé Thiébaud, un fort maitre d'armes de l'armée et qui se vantait d'avoir eu le dessus avec tous les maîtres civils et militaires de Paris. Lafaugère tira avec lui et ne se laissa pas toucher une seule fois, puis il lui avoua son étonnement, « car, dit-il, je me suis mesuré avec tous les tireurs de Paris, j'ai toujours été battu par eux et je viens de vous battre à votre tour. »

Il mourut en 1855, regretté de tous ses élèves qui étaient en même temps ses amis. Il légua toutes ses œuvres, comme peintre s'entend, au musée d'Agen, sa ville natale. Après lui, l'escrime sommeilla quelque peu à Lyon, et ce n'est qu'en 1864 qu'elle reprit un nouvel essor.

CHAPITRE VI

CHEVALIER ET VOLAND

Le succès de l'escrime se ralentit quelque peu à Lyon, après la mort de Lafaugère. Son successeur, comme professeur au Lycée, fut Chevalier.

Ex-premier maitre au 42e de ligne, Chevalier avait quitté l'armée après quatorze ans de service. Il travaillait comme canut, et ne voulut pas quitter son atelier, malgré sa nomination de professeur au Lycée ; jamais il ne se décida à fonder une salle d'armes.

Chevalier était un fort tireur, peu classique, mais toucheur.

Son jeu tenait du tempérament ; il eut ses heures de gloire. Des Italiens de l'école napolitaine donnaient un jour un assaut, au Casino du passage de l'Argue. L'armée de Lyon ne possédait pas alors de premiers maîtres ; tous étaient au dépôt de leur régiment. Les seconds maîtres firent ce qu'ils purent, mais ils furent néanmoins battus. Les Italiens, selon leur habitude, criaient déjà haut leur victoire, lorsque les lycéens qui se trouvaient là, aperçurent Chevalier qui se cachait modestement dans la foule.

Ils lui firent comprendre que, pour l'honneur de l'escrime française, il ne pouvait refuser de tirer avec les Napolitains. Il y consentit, et, bien qu'il prétendit n'être pas en armes ce jour-là, il eut le dessus sur son adversaire. Il lui cassa tous les fleurets sur sa poitrine, et le combat cessa faute, non pas de combattants, mais de fleurets. Chevalier fut couverts d'applaudissements par la foule enthousiaste, et le lendemain il continuait à pousser la navette.

C'est en 1858 que Voland revint à Lyon.

Il y donna un assaut et tira avec Chevalier. Les deux champions firent un jeu splendide ; ce fut le plus beau peut-être de la carrière de Chevalier. Cette séance raviva le goût des amateurs lyonnais pour l'escrime, et, peu de jours après, Voland fondait la société d'escrime de Bellecour. Ses leçons furent bientôt interrompues par la guerre de 1859. Il fit ses adieux à ses élèves, en donnant un grand assaut au bénéfice des petites filles des soldats, tira encore avec Chevalier à cette occasion, et partit pour la campagne d'Italie.

Il ne revint à Lyon qu'en 1863, et retrouva ses anciens élèves bien dispersés. Chevalier était toujours disposé à se mesurer avec lui et ils se rencontrèrent de nouveau sur la planche.

En 1864, Voland fondait la Société d'escrime de Lyon ; en 1866, la Société d'escrime des étudiants (1).

Il adopta pour sa salle le titre d'Académie d'armes de Lyon, et, en 1868, organisa l'escrime au Cercle Ozanam. Mais il s'aperçut bientôt qu'il faisait fausse route. Il reconnut, comme l'a reconnu plus tard le baron de Vaux, que dans un cercle il est possible d'avoir des élèves, mais non de les former. Il se consacra donc exclusivement aux amateurs qui fréquentaient la salle de la rue Confort.

(1) Dissoutes en 1872 et rentrées dans l'Académie d'armes de Lyon.

Enfin, en 1880, Voland a succédé comme professeur d'escrime au Lycée, à Chevalier qui mourut quelque temps après.

Chevalier y a laissé un bon souvenir. Il avait fait de forts élèves et quelques-uns lui ont fait honneur dans les concours de fin d'année, à l'Ecole polytechnique.

**

Nous ne voulons pas oublier le rôle des journalistes dans l'histoire de l'escrime à Lyon. Lorsque Voland fonda sa salle, c'est-à-dire son Académie d'armes, il donna des assauts à sensation dont tous les journaux rendirent compte. Il trouva en eux des auxiliaires pour remuer les esprits et persuader à de nombreux amateurs de faire des armes. Parmi les journalistes qui lui vinrent en aide, nous citerons Eugène Jouve, qui dirigeait alors le *Courrier de Lyon* ; Aimé Vingtrinier, qui dirigeait la *Revue du Lyonnais* ; Linossier, du *Salut Public*. La *Décentralisation*, le *Progrès*, le *Moniteur Judiciaire* lui prêtèrent aussi leur concours, et c'est ainsi que la cause de l'escrime fut gagnée à Lyon.

La guerre de 1870 décima les amateurs et interrompit ce genre de sport. Mais les Lyonnais le reprirent, après l'année terrible et, aujourd'hui, l'escrime est en grand honneur dans notre ville. On y compte plusieurs salles d'armes qui ont chacune de nombreux élèves :

La salle Voland, rue Confort;
La salle Trigault, rue Boissac;
La salle Yung, rue Mulet;
La salle Godet, rue des Marronniers.

Nous devons mentionner aussi deux sociétés d'amateurs : l'Ecole lyonnaise d'escrime, rue Mulet, et la société d'escrime de la salle Combes, rue Confort. Les cercles ont établi également des salles d'armes dans leurs locaux respectifs : le Divan, le Club nautique, le Jockey-Club, le cercle du Commerce, etc.

Le succès qu'obtient actuellement l'escrime dans notre ville, tient beaucoup au dévoûment et à la science des différents maîtres que nous possédons. Comme ce dévoûment ne fait que croître et se développer tous les jours, nous pouvons prédire sans grand mérite que le culte du fleuret n'est pas prêt de disparaître et que l'art des armes comptera à Lyon de beaux jours, et de nombreux.

CAVALCABO.

ENCORE L'ESCRIME A LYON

PAR

Aimé VINGTRINIER

Le *Passe-Temps* vient de donner une série de très jolis articles sur l'*Escrime à Lyon*. Le sympathique écrivain qui a signé *Cavalcabo* manie certainement aussi bien la plume que l'épée ou l'épée que la plume; c'est un homme d'action et un délicat penseur; un tireur d'élite et un fin lettré; émule en ce sens de l'académicien Legouvé, maître en l'art d'écrire, professeur dans la science de la diction et du langage, plume alerte, primesautière, en même temps que souple et vaillante épée ; prêt à vous servir, *consilio manuque*, comme Figaro. Cavalcabo a eu beau mettre un masque, il se trahit à chaque ligne. C'est un homme du monde et un homme de goût; son genre de style et la tournure de ses idées le proclament. Il est érudit : le savoir, un savoir aimable, perce à travers sa retenue; il sait écrire et parler, il est jeune, il a des illusions, de la fougue, de l'ardeur, de la santé, une surabondance de vie et de force qu'il vient dépenser à la salle d'armes ; il est Lyonnais; c'est un des nôtres, il connait notre histoire, il l'aime; il s'intéresse à ceux qui ont brillé naguère dans la littérature, le journalisme et l'escrime; saluons-le donc comme un ami, et sachons-lui gré d'avoir éternisé le souvenir de quelques-uns de nos tireurs célèbres : Faldoni, Lafaugère, Voland; les deux premiers sont morts; mais nous possédons encore le troisième. Si c'est un devoir d'honorer les morts illustres, sachons aussi franchement louer les vivants qui sont l'honneur et l'ornement du pays.

Cavalcabo rappelle quelques traits de la vie de Faldoni, si connu par sa triste fin; il décrit avec charme et d'après le souvenir de ses contemporains la salle d'armes de Justin Lafaugère, au bout d'une allée obscure de la rue Sainte-Catherine, au n° 15, imparfaitement éclairée par une cour. Une alcôve nous servait de vestiaire; trois ou quatre tireurs opulents avaient des placards fermant à clef, entre autres M. Pavy, le court et gras négociant, surnommé *Zéphir*, qui tomba d'une manière si burlesque sur le dos, poussé par un coup droit du pesant et inflexible fleuret de M. Fore.

Comme on manquait de confortable, alors! Comme tout était humble et primitif dans cette vaste pièce où on ne voyait clair que la nuit! Mais quels beaux assauts s'y sont donnés! quelles parties intéressantes et quels tireurs! car, à cette époque, si quelques-uns faisaient des armes pour leur santé, presque tous les autres, les Pétetin, les Kauffmann, les Rittiez n'avaient en vue que de se défendre vigoureusement quand leurs adversaires politiques les appelleraient sur le terrain.

Cavalcabo passe à la salle Voland; quelle différence! Comme ici tout est clair, harmonieux, confortable! Comme on y est pour son agrément et son plaisir! Comme on voit bien que de tous les jeunes gens qui se plastronnent, pas un d'eux n'a la pensée d'aller le lendemain, au fond des Brotteaux-Rouges, se faire trouer la peau pour un article de journal! Les mœurs se sont adoucies, depuis lors; tant mieux, mais peut-être travaillait-on plus sérieusement, avec plus de ténacité, d'ardeur et de volonté, quand on savait quel enjeu se trouvait sur le tapis.

Ne regrettons pas cette époque, malgré les souvenirs ravissants qu'elle a laissés dans notre esprit.

Mais si Cavalcabo fait l'éloge des nouveaux maîtres, des nouvelles salles et des nouveaux tireurs, il n'est pas le premier qui leur ait rendu justice et les ait fait valoir. Il y a dix ans, parut, à Paris, un petit volume qui fit grand bruit. On se l'arrachait alors; le connaît-on encore aujourd'hui? Le *Duel, ses lois, ses règles, son histoire*, par Henri Vallée, 1877, in-18.

Comme c'était plus intéressant qu'un roman!

Précisément, à cette époque, un sénateur, M. Hérold, avait présenté un projet de loi à faire frémir.

Voyant la jeunesse française se livrer avec passion au goût élégant et raffiné de l'épée, il avait poussé un cri d'alarme, et, dans son épouvante, avait failli entraîner le pays dans un grand et sérieux malheur.

Sans savoir s'il ne donnait pas un attrait irrésistible à cette coutume assez abandonnée de régler ses petites affaires sur le pré, il avait voulu frapper les duellistes de cinq ans de prison, de la perte des droits politiques, civils et autres, et, quant aux témoins, il les traitait de manière à donner aux plus hardis le désir de réfléchir.

Vraiment? Eh bien, à mon avis, il se trompait.

Pas plus avant qu'après, on n'eût supporté une insulte, et si la réparation fût devenue plus difficile, elle eût été implacable, voilà tout.

On ne mène pas les Français par la crainte ; l'histoire en donne mille exemples.

Vous souvient-il de ce bon Monsieur de Richelieu, le grand Ministre? Il n'y allait pas par quatre chemins. Pour un duel, la hache et le billot; pas autre chose. Eh bien, le billot de M. de Richelieu, tout comme, plus tard, les ordonnances du roi-soleil, fut tout à fait impuissant, fut complètement inutile devant la délicatesse du point d'honneur, le plaisir de fronder et la bravoure des jeunes gens d'alors. On subissait la peine terrible ou on quittait la France et on passait les années d'exil où on pouvait.

Il est vrai que jamais la folie du sang ne fut plus grande que sous les règnes de Louis XIII et de son fils.

Aujourd'hui, la jeunesse française n'en est plus là. Elle a bien encore dans ses veines l'énergie et la bravoure de ses pères, mais elle a plus qu'autrefois le respect de soi-même et de son prochain. Elle aime plus que jamais les jeux guerriers qui fortifient le corps, élèvent l'âme et maintiennent une nation; mais elle ne verse plus le sang pour une question de caste ou de dés. Oui, certes, ils sont nombreux plus que jamais ceux qui ressentent une secousse électrique quand deux fleurets s'engagent, que les lames frémissent, que le fer brille et s'allonge comme un éclair. Comme le cœur s'agite, comme le sang afflue rapidement quand vous plongez vos regards dans les yeux de votre adversaire et que votre main devine le mouvement de sa pensée ! Mais dans ces luttes, le cœur ne s'aigrit point, l'œil ne devient point dur et cruel. Le duel ne vient point de l'escrime; l'un n'est point la conséquence de l'autre; mais si une loi devait jamais faire tomber l'épée de la main des Français; si toute insulte devait se terminer devant les tribunaux, avec l'escorte obligée des avoués et des avocats, il faudrait faire le deuil de la France ; nous ne serions plus qu'un peuple bon à emmener en esclavage de l'autre côté du Rhin, et ce ne seraient pas nos *Orphéons* et nos *Fanfares* qui nous ramèneraient de là.

Le livre de M. Vallée blâme le duel en lui-même, mais il ne le proscrit pas. Il déclare, et c'est notre avis, qu'une loi draconnienne le rendrait terrible, impitoyable, et surtout sans garantie de moralité. Le duel deviendrait un assassinat plutôt qu'un combat, jusqu'au jour, loin encore, où la France efféminée n'aurait plus ni bravoure, ni honneur.

Après avoir développé cette idée, avec des raisons qu'on ne peut contredire; après avoir fait l'historique du duel depuis l'antiquité jusqu'à nos jours, et avoir semé son livre d'anecdotes charmantes, M. Vallée nous montre le duel plus rare, plus innocent, plus inoffensif que jamais, en même temps que les salles d'escrime sont plus fréquentées, plus suivies qu'à aucune autre époque de notre histoire.

« L'épée qui a remplacé, chez les modernes, les armes anciennes, dit Angelo, dans son traité sur l'escrime, a fait naître le jeu de la pointe. Elle fait avec raison partie de l'éducation d'un jeune homme de famille, lui inspire de la confiance et du courage, augmente sa force, lui donne de la grâce, de l'agilité, de l'adresse et le dispose en même temps à toutes sortes d'exercices. »

C'est à ce point de vue que l'escrime est considérée par un écrivain moderne :

« Comme exercice, il n'en est pas de plus convenable aux jeunes gens et de plus complet. Tous les muscles, tous les ressorts du corps humain sont en jeu ; les jambes et les bras acquièrent une grande vigueur et une souplesse égale ; les reins une admirable élasticité ; les épaules se fortifient, s'effacent ; la poitrine s'élargit, la respiration devient aisée ; la tête est noblement portée ; la démarche est facile. L'escrime fait agir continuellement le cerveau ; toutes les facultés sont en jeu. L'attention doit toujours être tendue ; le coup d'œil vif, la pensée prompte, la volonté déterminée, la décision rapide, entraînant une exécution instantanée, franche et hardie. A l'audace, il faut joindre la prudence, la circonspection, le jugement. Une leçon d'armes est une bonne leçon de philosophie. »

Avant notre écrivain, Molière l'avait dit quelque part.

Après avoir fait l'éloge de l'escrime et nous l'avoir donnée comme le plus beau, le plus utile et, par conséquent, le premier des arts, M. Vallée a complété son livre en nous faisant connaître les salles d'armes de Paris et en nous présentant les maîtres les plus illustres et les plus fameux. S'il se fût arrêté là, il n'eût fait qu'imiter la plupart des écrivains, qui ne voient, ne connaissent, n'apprécient que Paris, même quand ils sont nés à Pézenas. Plus juste, plus vrai, plus Français, M. Vallée a ouvert son cadre et, chose admirable, il y a fait entrer la province :

« Les villes, dit-il, où l'escrime est le plus en honneur, après Paris, sont Bordeaux, Lyon, Nantes, Lille, le Havre, et Montpellier ».

Cavalcabo est de Lyon ; il est peut-être élève de la rue Confort ; il voit notre salle de prédilection dans toute sa gloire ; mais voilà ce qu'en disait M. Vallée, il y a dix ans ; dix ans donc avant lui :

« Salle Voland, rue Confort. Salle la plus aristocratique et la plus suivie qui soit à Lyon.

« Le titulaire est un des maîtres les plus distingués qui soient en France. Il a formé de nombreux élèves, très remarquables, tant dans l'armée que dans le civil.

« Citons, parmi les principaux amateurs de la rue Confort, qui peuvent rivaliser même avec ceux de Paris. » Petit compliment gracieux dont nous savons gré à l'auteur :

« MM. Raphaël Monnier, le colonel Rebillot, d'Auteville, Dr Clerjon, Eugène Gonnet, Garnier ; puis, à la suite, MM. Chaume, Jouve, Roman, baron Maxence, Le Fèvre, Bischoff, Violet, Séguin, Million, Buzot, Verdellet, Dareste de la Chavanne, baron de Jessé, Cabaud, Jourdan d'Anjou, Billion, Vingtrinier, des Georges, Boutard, Delécrat, Chartron, baron de Chabert, Thierry, Darche, Breton, Mathet, Morand, Groz, Bon, Schlumberger, Peiron, Passaquay, d'Armancourt, Chambeyron, Gayet, Chassignol, comte d'Auchal, vicomte de Villeneuve, Couhard, Vidal, de la Porte, etc.

« Outre ces deux catégories de tireurs d'élite, la salle d'armes de Voland compte encore un grand nombre d'amateurs de troisième et de quatrième ordre. Enfin plus de cinq cents élèves, appartenant à la haute société lyonnaise, ont fréquenté l'école d'escrime de la rue Confort, depuis son installation. »

Il y a dix ans que cela était écrit, et que de changements, que de progrès, depuis lors !

Nous ajouterons, pour notre compte, que la tenue de la salle est excellente ; que la dignité et la moralité y sont scrupuleusement respectées ; que la famille Voland jouit de la plus haute estime et que c'est plaisir, aux assauts donnés périodiquement par les jeunes gens de huit à quinze ans, de voir les mères, les sœurs, les grand'mamans, de la société la plus délicate de la ville, assister joyeusement aux passes d'armes de leurs héroïques bambins et applaudir, les larmes aux yeux, aux grands coups d'épée de leurs futurs héritiers.

En présence de cette jeunesse souple, élégante, vive et gracieuse, pas de pensée terrible de duel et de combat sanglant. On voit, dans l'escrime si à la mode aujourd'hui et si suivie, un exercice hygiénique, noble et charmant, tel que M. Henri Vallée le comprend et le décrit, non un épouvantail, tel que le voyait avec terreur ce brave M. Arnold qui, tout sénateur qu'il fût, n'avait pas compris un mot à la question.

M. Vallée citait alors, parmi nos autres salles, celle de M. Trigault, bon tireur, Charbonnier, Ternant; il ne les nommait pas toutes. Quel magistral appendice il pourrait ajouter à son livre, s'il faisait une nouvelle édition aujourd'hui !

Maintenant, une réflexion philosophique pour finir.

Outre le bien-être matériel et physique apporté par l'escrime à nos cerveaux surmenés, à nos corps surexcités, comme le moral se relève par le maniement de l'épée !

Sait-on toutes les consolations qu'on peut trouver dans la fréquentation des salles d'armes ?

Après avoir été pendant vingt ans un élève assidu et passionné du bon Lafaugère, j'avais eu le caprice de prendre chez moi quelques leçons d'un vieux prévôt qu'on m'avait recommandé.

C'était un rude soldat, qui me traitait comme les conscrits de son régiment; il était dur, pratique, sans égards, sans ménagements et je crois qu'avec lui j'avais fait quelques progrès.

C'était, d'ailleurs, un original, fanatique de l'escrime et qui ne voyait rien au-dessus de son art.

— « Monsieur, me disait-il avec conviction, un homme habile aux armes n'a pas besoin d'étudier autre chose ; il sait tout.

« Que lui faut-il de plus ?

« Pourquoi se creuserait-il l'esprit?

« Il a la force, l'adresse, l'assurance; il est maître partout.

« A la ville, comme à la campagne; au régiment, à la chambrée, au café, à la danse, à la promenade, avec des soldats ou des pékins, on le respecte, on le vénère, on lui obéit.

« Quand il marche sur la grande route, faisant une longue étape, mouillé par la pluie, gelé par le froid, brûlé par le soleil, écrasé par le sac, les armes et le fourniment et qu'il voit passer un élégant couché dans sa voiture ou porté par un cheval de race, il se dit à lui-même, en regardant le beau Monsieur :

— « Toi, si je voulais, je te tuerais. »

« Eh bien ! cette pensée fait plaisir.

« On ne lui dit rien, on suit sa route, mais comme on se sent fortifié et viril !

« C'est celui qui est à pied qui est le maître, le puissant ; c'est celui qui se fait porter ou traîner qui est le faible, le disgracié, le malheureux. »

N'avait-il pas raison, mon prévôt ?

Que souvent sa réflexion m'est revenue à l'esprit !

Que de fois, dans les mauvais passages de la vie, quand j'étais écrasé par les insultes ou les menaces d'un ennemi puissant, que de fois n'ai-je pas dit, moi aussi, mais avec une variante :

« Toi, si je voulais, je te donnerais une correction dont tu te souviendrais toute ta vie. »

Et à peine la pensée venue, à peine les paroles de mon vieux prévôt sur mes lèvres, avec l'adoucissement qui les rendait moins cruelles, je sentais le calme renaître dans mon âme, la sérénité et le courage reprendre le dessus dans mon cœur.

C'est moi alors qui étais le maître ; c'est mon ennemi qui était le vaincu.

Laissons donc les oiseaux à leurs nids, les enfants à leurs mères, l'escrime à nos jeunes gens, le duel à quelques fous sans importance et allons sans crainte à la salle d'armes ; nous n'en reviendrons pas plus batailleurs, non certes ; mais nous en sortirons certainement plus forts, plus patients, plus dispos et meilleurs.

Aimé Vingtrinier.

TOUJOURS L'ESCRIME A LYON

PAR

Ernest GAYET

ISIDORE VOLAND

J'ai connu Voland en 1858, et je fus un de ses premiers élèves ; nous nous étions réunis, mes amis et moi, pour faire des armes ; j'en cite quelques-uns : MM. le baron de Jessé, le baron Maxence Lefaivre, le comte de Quinsonnas, de Pettolaz, le marquis de Montmorillon, etc. Je suis fier aujourd'hui du choix que nous fîmes autrefois. Si nous avions pris Voland, c'est qu'il était un tireur des plus académiques, classique et foudroyant, mais gracieux dans tous ses mouvements ; voilà le professeur hors ligne dont je veux esquisser aujourd'hui la rapide biographie.

Voland est un des maîtres les plus distingués de France et les plus sympathiques de Lyon. Dès la formation de l'Académie d'armes de Paris, il fut choisi le premier comme membre correspondant. C'est, du reste, un beau et fort tireur : il improvise en faisant des armes : à première vue, il lit le jeu de son adversaire ; son doigté merveilleux et son coup d'œil hors ligne font l'admiration de tous ceux qui peuvent apprécier ces qualités.

Voland est né en Anjou, le 6 avril 1831. Elève de son père, il débuta en assaut public à Saumur, en 1846. Pendant son adolescence, il passa par les salles d'armes de Moreau, de Nantes, du célèbre Jean-Louis, de Montpellier. A Lyon,

Lafaugère s'empressa de lui accorder un de ses brevets dont il était si peu prodigue. Entré au service militaire, en 1852, aux chasseurs à pied, à Paris, le jeune maître débuta brillamment dans un assaut à Vincennes.

Pendant son séjour à Paris, Voland ne cessa de fréquenter toutes les salles : celles de Grisier, de Pons, de Bonnet, de Raymondi, de Gatechair, etc., afin de se perfectionner dans son art.

A Metz, Voland eut plusieurs fois l'honneur d'être appelé à l'hôtel de la Division, pour croiser le fer avec le général Marey-Monge et à Besançon, il tira contre Eugène Grisier.

A Lyon, il sut se faire remarquer parmi les meilleurs tireurs, au grand assaut qu'il dirigea, à l'Alcazar, dans une fête militaire donnée au profit des « petites filles des soldats », l'œuvre admirable due à l'abbé Faivre, aumônier du camp de Sathonay, la veille de son départ pour la campagne d'Italie. Il préludait ainsi aux nombreuses passes d'armes où il sut faire reconnaître la supériorité de l'école française, à Turin, Milan, Plaisance, Gênes, etc., pendant les intervalles des batailles, où il devait gagner la médaille militaire.

Lors de la rentrée triomphale de l'armée d'Italie, le 5e bataillon de chasseurs à pied prit garnison à Paris. Là, dans les meilleures salles, Voland montra quelle perfection il avait acquise dans son art. Dans les assauts militaires, il reçut toujours des éloges. A Saint-Denis, dans un grand assaut présidé par le maréchal Renaud de Saint-Jean-d'Angély, commandant la garde, Voland avait pour adversaire Déplante, un redoutable gaucher, regardé comme le plus fort tireur de l'armée de Paris. Voland eut pour lui les honneurs de la journée. En 1863, un grand concours fut ordonné par le maréchal Baraguey-d'Hilliers, pour toute l'armée du camp de Châlons ; le prix unique des maîtres et le premier prix des prévôts furent remportés par Carrière et Perrin, deux élèves de Voland. A Lyon, l'année suivante, il tira au bénéfice d'un ancien soldat, et ce fut cet assaut qui détermina une société d'amateurs à choisir Voland comme leur professeur attitré.

Les zouaves de la garde ayant fait demander Voland, son corps refusa de consentir à cette permutation ; Voland prend alors son congé, en emportant l'estime de ses chefs ; puis, à la demande de ses élèves lyonnais, il fonde la salle d'armes de la rue Confort, dont la réputation est si bien établie aujourd'hui. Tous les amateurs lyonnais la connaissent, ils l'ont vue dans les nombreux tournois (1) auxquels Voland les a si souvent conviés et où ils ont applaudi plus d'une célébrité dans l'escrime : Buffévan en 1867, Katzenfort 1871, Jacob 1874, marquis de Castardi 1878, Robert 1880, baron de San-Malato 1882, Casella 1885, capitaine Deruë 1886, commandant Deruë et Robert 1887, Eugénio Pini 1888. Plusieurs centaines d'amateurs et de maîtres distingués ont eu l'honneur d'y briller. Je m'abstiens d'en nommer, exception faite pour le regretté Millon, le digne émule de Voland.

Voland est un habile professeur, formé à la saine école des illustrations parisiennes de l'escrime, dont il fréquentait les salles d'armes, pendant ses longs séjours dans la capitale. Avant de quitter le service militaire, il a enseigné les meilleurs principes de son art à une foule d'élèves devenus maîtres à leur tour ; citons : Delawale, Mutin, Pyrrel, Vanderbeck, Chartron, Bouchet, Motsch, Carrière. En 1870, plusieurs d'entre eux trouvèrent une mort glorieuse. Cette malheureuse guerre surprit la salle de la rue Confort en plein progrès, décima ses élèves, tireurs déjà remarquables, tels que MM des Forges de Parny, Raphaël Monnier, Liogier d'Ardhui, Cochet, Mathet, de Sahlon, Roman, de Missolz, Jaricot, Girodon, Vingtrinier, Neyron, comte Ravel d'Auebal, Gailleton, Cabaud, Soulier, Devienne, Morand, Rhenter, Girard, Borel, Chartron, Gonin, Desgaultières, Godinot, Sabran, Lombard de Buffières, Chaume, Andrieux, Clerjon, Féa, Passaquet, Hyvert, Fournier, Badin, Richard Rayet, de Vaxon, Guérin, Ponchon de Saint-André, Bouchacourt, Poidebard, Blondel, Guillard, Mougin-Rusand, Radisson, Bredin, des Garets, de Lafayette, Richard, Chanoz, Bellingard, de Finances, Michel Vibert, de Villechaise, Berier, Jourdan d'Anjou, Paul Monnier, etc., tous tireurs classés.

A Lyon, Voland ne cesse de développer le goût de l'escrime ; il stimule l'ardeur de ses élèves par de nombreux assauts ; il a pour principe que la science des armes, une fois communiquée par la théorie des leçons, doit être complétée par le

---

(1) Assauts présidés par MM. le général Goz de Metz, le général baron Nicolas, le colonel Lacombe, Paul Chartron, général de Lacretelle, colonel Mercier de Sainte-Croix, des Forges de Perny, général Archinard, général Février, baron de Jessé, général Bréart, Résident général Massicault, général Isnard, général Saint-Marc, général Broye, Raphaël Monnier, général Raynal de Tyssonière, Aimé Vingtrinier.

libre et intelligent usage de l'adresse s'exerçant tireur contre tireur, faible ou fort.

Ainsi la science des armes se transmet en quelque sorte par le contact du fer ; mais Voland exige que l'on soit quand même fidèle aux leçons ; pour lui, l'escrime s'insinue plutôt qu'elle ne s'enseigne ; elle passe de la main du professeur à celle de l'élève.

La salle Voland compte un grand nombre d'élèves appartenant tous à la haute société lyonnaise. Les principaux tireurs sont :

MM.

Raphaël Monnier ; le plus beau fleuron de la couronne Voland, enlevé par une mort prématurée à ses nombreux amis ;

Docteur Clerjon, tireur sérieux, de l'œil, de la main, du jugement, de l'à-propos ;

E. Gonnet, tireur de tête, joint à cela une grande vitesse ;

Garnier, tireur d'une grande extension, pare et riposte avec à-propos ;

Delécrat, tireur académique, d'une vitesse incomparable et d'un grand jugement ;

Girard de Cailleux, fin tireur ; tous ses mouvements sont raisonnés avant l'exécution ;

Million possède une main accomplie, du doigté et du jugement ;

Boisson, de l'œil ; joint à la vitesse, bon jugement ;

Vingtrinier, le doyen des escrimeurs ; main légère, bon pied et surtout bon œil ;

Roman, du tempérament, toucheur et pas facile à toucher ;

Girard, vitesse raisonnée, très sévère ;

Barreau, calme, juge avec à-propos.

Bouvier, Gros, Gerbe, voilà un trio de jeunes tireurs qui arrive bon premier.

Puis viennent ensuite MM. Allaix, Bischoff, capitaine Ruche, Bastard, Buzo, Verdellet, Devienne, Chartron W., des Georges, Fournier, Paccalet, Tabard, Casati, Faye, Rivet, Marmonnier, Bessières, Penot, Morand, Molin, Coint, Douenne, Ritton, Morel, Falotti, Rougier, Cartier, Payan, Casella, Beauser, Jeoffroy, Coudurier, Simon, Mousset, Marimonti, Soubyran, Satre, Pourchet, Luigini, Gallet, Bellingard, Bouffier, Tricot, David, Wabre, Jarrasson, Vincent,

Fournier, Guy, Michel, Pernot, Chapuis, Niogret, Paul, Brissac, Souchon, Quinson, Gillet, Janin, Montgolfier, Cahen, Morel, Fenel, Durosa, Messimy, Prat, Roch, Manigaut, Carrier, Givors, Batarge, Vène, Gallois, Chatin, Cœuret, Détroyat, Bouthéon, etc., et les fils du maître, officiers dans l'armée, puis une foule de jeunes élèves qui sont des tireurs d'avenir.

Citons les tireurs absents de Lyon qui, par leur classement de tireur, comptent encore en qualité de membres honoraires :

MM. le général baron Rebillot, *Paris* ; Colonel Cahat, *Maison-Alfort* ; d'Hauteville, *Rennes* ; Chaume, *Constantine* ; colonel de Prud'homme, *Saint-Claude* ; Dareste de la Chavanne, *Alger* ; colonel de Sarade, *Toulouse* ; Dr Aziani, *Nice* ; baron Lefèvre, *Moulins* ; colonel Dlason, *la Rochelle* ; commandant Thomas, *Toulouse* ; Cabaud, *Pau* ; Séguin, *Sénégal* ; d^r Jobert, *Nancy* ; Nobou-Ono, *Yeddo* (Japon) ; Paladini, *Milan* ; colonel Le Roy, *Blois* ; Alaman, *Barcelone* ; baron de Jessé, *Charlieu* ; Viollet, *Vals* ; François, *Genève* ; Versenger, *Bâle* ; Groz, *Montpellier* ; Marland, *Bourg* ; commandant Canoz, *Sathonay* ; commandant Letourneur, *Nantes* ; comte d'Anchal, *Nevers* ; d'Armancourt, *Paris* : de Saint-Victor, *Cannes* ; Dunot, capitaine au long cours, *Niger* ; Tomü, *Japon* ; Thierry, *Vesoul* ; Charton F., *Mexique* ; Chizat, *Grenoble* ; Charton L., *Moscou* ; Andrieux, *Paris* ; Dubief, *la Chapelle-de-Guinchey* ; Boutard, *Paris* ; Blondel, *Thoissey* ; Ballue, *Paris* ; Chambeyron, *Saint-Louis* ; Mathet, *Paris* ; de Camaret, *Avignon* ; Bettenau, *Oran* ; du Mérac, *Mâcon* ; Cabanes, *Béziers* ; Boisson, *Sathonay* ; Molière, *la Voulte* ; Boucharat, *Saint-Pierre-de-Bœuf* ; colonel Ede, *Londres* ; Lagarde, *Montélimar* ; Chanoz, *Paris* ; Bon, *Marseille* ; Saint-Clair, *l'Arbresle* ; Rey, *Montélimar* ; Fleurieu, *Maroc* ; Bouyer, *Orange* ; Huitfidor, *Sousse*. Tous ces tireurs ont fait des armes en public.

N'oublions pas aussi les nombreuses jeunes filles auxquelles Voland donne des leçons et dont les jolies mains manient le fleuret avec une adresse remarquable.

Tous les élèves du maître lui ont voué une estime et une amitié sincères.

Voland fait partie de cette phalange de professeurs qui savent transmettre leur science à leurs disciples ; très observateur, c'est après avoir pris conseil de tous les professeurs renommés, fouillé tous les traités, qu'il forma la méthode qui lui appartient et qu'il va publier prochainement.

Voland est professeur d'escrime du Lycée, de l'Institution des Minimes, de l'Ecole supérieure de Commerce et de Tissage, de l'Ecole Ozanam, du Conservatoire de musique, etc...

A Lyon, qui ne connait Voland, au caractère vif, enjoué, énergique. Ses débuts ont été durs dans notre ville, où l'on était un peu indifférent pour l'escrime. Voland a dû lutter contre des préjugés, contre l'inconstance même des élèves. Malgré tous ces obstacles, il entreprit de relever, à Lyon, cet art si noble tombé en désuétude depuis la mort de Lafaugère, l'inoubliable maître lyonnais.

Le grand honneur de Voland, la récompense de ses efforts désintéressés et incessants, c'est d'avoir rendu le goût de l'escrime à Lyon et popularisé cette science si attachante des armes.

Je suis heureux de rendre à cet excellent maître la justice qui lui est due.

Ernest GAYET.

ASSAUT DU 28 MARS 1889

Présidé par M. Aimé VINGTRINIER.

LE PORTRAIT DE RAPHAEL MONNIER

Messieurs,

Jamais autant qu'aujourd'hui on n'a vu que la salle Voland est un salon d'élite et que les élèves de l'illustre chef sont une famille unie par le cœur, l'estime et l'honorabilité.

Groupés autour du maître, nous aimons à recevoir ses leçons, celles qu'il donne ostensiblement pour nous rendre souples, hardis, énergiques et forts; celles, bien plus importantes, qu'il nous offre à peu près à son insu et dans lesquelles il nous enseigne le patriotisme, la dignité, le dévouement; toutes les vertus publiques utiles au citoyen, toutes les vertus intimes, journalières, modestes, indispensables à l'homme, en ce moment plus que jamais.

Ces leçons-là, il les donne par l'exemple. Voyez ce foyer si digne, si honoré, ces fils, tous sous les drapeaux, où ils servent glorieusement la France. C'est ainsi que le père fit, jadis, dans sa longue et brillante carrière.

Comme on respire ici l'honnêteté, la bravoure, la franchise! comme on comprend que tous les jeunes habitués de la salle aiment ces fêtes! On a beau dire, l'austérité a ses charmes, elle affermit le corps, elle ouvre l'intelligence, elle donne la santé, la bonne humeur et la gaieté. Ce n'est pas un ami de l'épée qui me donnerait ici un démenti.

Aussi, même à tout âge, se plaît-on dans ce séjour des mœurs sévères, des luttes courtoises, des fatigues riantes. Un éloignement prolongé attriste; on prend la nostalgie de la planche et du fleuret ; on rêve de leçon et d'assaut ; on sent que les nerfs se rouillent, que la main perd sa souplesse comme l'œil sa vivacité.

Et quand on revient, comme on est heureux de revoir des visages amis, de serrer les mains affectueusement tendues et de croiser le fer avec ceux-là même pour qui on serait prêt à exposer sa vie.

Mais, hélas, même ici on trouve parfois des mécomptes. Même ici, ceux qu'on a aimés ont disparu. Aujourd'hui, Messieurs, si une ombre de tristesse nous entoure, c'est que nous ne retrouvons plus un de ceux qui étaient la joie de la salle et l'orgueil du maître ; un de ceux que les élèves admiraient avec le plus d'orgueil et que dans nos fêtes les plus brillantes, notre chef s'empressait de présenter à ses amis et à ses rivaux.

Nul, en effet, n'avait plus profité des leçons du maître que M. Raphaël Monnier, notre ami, notre modèle, notre idéal. Ayons la franchise de la position ; mettons de côté notre vanité et avouons que si, par quelques points, on pouvait l'égaler, il offrait un ensemble de qualités brillantes et sympathiques au-dessus de ce que nous possédons nous-mêmes, en y comprenant les mieux doués.

Raphaël Monnier avait conservé les mœurs et les qualités qu'on attribue à notre race. Il était brave, droit et loyal. Il fut un des premiers admirateurs de M. Voland et, pour ainsi dire, le fondateur de cette salle. Élève assidu, tireur de premier ordre, il fut connu à Londres comme à Paris et loué par tous les écrivains du sport. Il s'était mesuré avec les meilleures lames, et, soit avec les professeurs Jacob ou Robert, soit avec M. Legouvé, de l'Académie française, le général Bréart, le commandant Derué, si connu, il n'eut pas toujours le dessous.

« Raphaël Monnier est le plus beau fleuron de la couronne de Voland » dit le baron de Vaux, dans son livre si estimé : *les Hommes d'épée* ; aussi, depuis sa mort, qui a consterné notre ville, il y a un an, le monde des tireurs lyonnais a-t-il été frappé. La salle Voland est devenue triste, ont prétendu les élèves ; on dirait que l'habile maître a perdu un de ses enfants.

Touchée d'un si vif attachement, la famille Monnier a offert à la salle un beau portrait de celui qui en fut l'orgueil et l'honneur.

Soyons fiers, Messieurs, de cet hommage et de ce souvenir.

Dans les combats, quand un chef tombe, un autre prend aussitôt sa place et sauve l'honneur du pays. Si nous n'avons pas la prétention de remplacer Raphaël Monnier, du moins suivons son exemple. Aimons l'escrime, passion des hommes forts, cultivons-la comme il la cultivait, maintenons la salle au premier rang et qu'on dise de nous, dans les assauts et les fêtes de l'épée, ce qu'on disait de lui : « C'est encore un fleuron de la couronne de Voland».

Aimé VINGTRINIER.

FIN

www.ingramcontent.com/pod-product-compliance
Lightning Source LLC
Chambersburg PA
CBHW060717050426
42451CB00010B/1489